SINNSUCHE VON LEBEN UND LIEBE

von GERD-FRITZ STEINKOENIG

----

12 LEBENS-ALBEN (30 Lebensalben waren die Bücher "Danach", "Rust Never Sleeps")

The Dark Side Of The Moon (Pink Floyd) - seit über 40 Jahren MEIN Album

and then there were three (Genesis) - Melancholie, gibt bessere, aber DIESES Album

Wish You Were Here (Pink Floyd) - PF & Genesis heißt immer Lebenssoundtrack

The Lamb Lies Down On Broadway (Genesis) - stoned, Party, gechillt & DIESES Album

"Weißes Album" (The Beatles) - auch Lebenssoundtrack, ElternPlattenschrank gespielt

The Song Remains The Same (Led Zeppelin) - Hardrock & Romantik = Rocktheater

Made In Japan (Deep Purple) - Hardrock-Liveklassiker feat. HIGHWAY STAR

Ghost In The Machine (The Police) - das allerbesteste PoliceAlbum

Love Over Gold (Dire Straits) - eigentlich Brothers In Arms, aber TELEGRAPH ROAD

Harvest (Neil Young) - Lagerfeuer, Hippies, 70er Romantik

Hotel California (Eagles) - AlbumKunstwerk mit Epos

Sweet Fanny Adams (The Sweet) - TeenieHeroes, Set Me Free & S.F. Adams ist geil

(10.12.2019)

VORBEI (10.12.2019)

Das LP-Cover LOVE OVER GOLD (Dire Straits), die Musik - ist vorbei

Die Fundgrube zum Song "Grocer Jack" - ist vorbei

Politiker-Palaver (im Momentum seeehr "wichtig") - ist natürlich vorbei

Bäume zeitlos, die gleichen Tierlaute, Sonne - irgendwann ist der Planet vorbei

Chronologien, meine ISBN-Bücher, Lexikas, Erinnerungen - in ca 3 Milliarden Jahre

VORBEI

Ideen, Idealismus, Experimente vs Mainstream, Lemminge - vorbei

Vielleicht vorher vorbei

durch Klimakatastrophen (natürlich Menschheit vorbei, Natur schafft das!)

durch Atomkriege

durch neue Nr 1-Spezies...

Woodstock, Live Aid, Fab Four, Elvis... - vorbei

Gerd F Steinkoenig Gerd Gerd

(Kaiserslautern ca 2012 oder 2013)

Gerd Steinkoenig fühlt sich hoffnungsvoll.

13 Std. · 10.12.2020

Mit Öffentlich geteilt

2020 ERSTMALS "NÖÖ, KEINE NEWS"... Eigentlich ja schon - ich kenn mich... Tagesschau, heute, ntv, SWR (TV und alle Apps) etc... Heute von Illner bis Lanz. Was war? Covid19, Covid 19, Covid 19... Hatte ich (auch zum fb gepostet) mit SWR-App: Quarantäne von 2 Kliniken (eines nur 500m von mir). Normalerweise bin ich up to date mit News, aber diesmal ist NUUUR scheiße!!!! Nazinarzist Trump, Meinungsdiktatur was auch immer, Fantasien mit womöglich NWO durch Covid19... Im Endeffekt ist das Blödsinn: ca 500 TOTE(!!) PRO TAG IN DER BRD!! Das heißt: Covid19 ist ein tatsächlicher Virus, Ihr Verschwörungsarschlöcher!! Das ist nicht in ein paar Wochen weg, das dauert EWIG!! Beispiel: Impfung! Für mich wahrscheinlich im Momentum Anfang 2022 (trotz Behinderung). Und dann eben diese scheiß Impfgegner (Behinderungen, Egoismus, Nötigungen)... Durch die kleinkarierten Landesfürsten sind dann bei 16 Mackern 42 Meinungen, totaler Flickteppich... Und tatsächlich: manche News dann nöö - nicht wieder zum 23. mal am Tag... Dann lieber Entspannung, Ablenkung, Positivität, Gesundheit! Vielleicht irgendwann wieder GEMEINSCHAFT, UNTERHALTUNGEN, UMARMUNGEN!!!!!!

Gerd Steinkoenig fühlt sich sarkastisch.

9. Dezember um 19:37 ·

Mit Öffentlich geteilt

COVID19 & DEKADENZ

Ich hab seit Jahren kein XMas - Geschenk

Und glaube an Gott

Die Heiligabend - Geschenkeschnorrer glauben nicht an Gott

Covid19 entlarvt die Dekadenz von Menschen

Weihnachten Jahresurlaube Niveauselbstverständlichkeit

1986 war mein letzter Auslandsurlaub

Ich lebte trotzdem sehr gut

Die Leute wollen Dekadenz zelebrieren

Scheiß drauf auf Covid19 - Tote

Hauptsache XMas und Urlaube

(Klitzekleine Heftesammlung, klitzekleine CD-Sammlung - und Buchvorläufer von 12/2014)

Rheinland-Pfalz-Tag 2019 in meiner Heimat Annweiler (u.a. John Miles, George McCrae, Götz Alsmann... Das Foto entstand vor den Auftritten. War aber zu heiß... Ich dann zu Hause TV gesehen... Klassikliebhaberin Mrs P war entzückt von "Music" von John Miles, grins... Später z.B. Söhne Mannheims tatsächlich um die Ecke von meiner Wohnung... Fenster auf, reichte...

Das freieste Land...   (2012)

Seit Geburt begleiten mich die USA

Ist halt so: Werbung, TV-Serien, Propaganda, History...

Veränderungen im Laufe der Jahrzehnte

Rückblickend denke ich, der Egotrip der USA

begann nicht mit George W. Bush

Da wurde es nur offensichtlich

Frühere Präsidenten waren cleverer...

In den 60ern und 70ern:

Aufbruch, Proteste für Freiheit und Frieden,

Idealismus, Demokratie leben

2012 Occupy, und sonst?

Einschüchterung durch den Patriot Act

Wer gegen uns ist, ist ein Terrorist

Redefreiheit gilt nur für Regierungsmeinungen

und Rassisten

Krankenversicherung = Sozialismus...

Aus dem Film "Killing Them Softly":

Amerika ist kein Land, Amerika ist ein Geschäft

Spekulanten, Bankster, Ölmonarchen, Manager,

die Reichsten der Reichen

regieren das Land und befehlen dem Präsidenten

welche Gesetze er zu erlassen hat

Über die Armen und Schwachen:

Jeder hat in den USA die Chance...

das Land der unbegrenzten Möglichkeiten...

Propaganda und überhöhter Patriotismus

sagt dem US-Bürger in einem Selbstverständnis

wir sind die Größten, und sie glauben es

In Europa geht es ja schlimm zu:

Abtreibungen, Homopaare, Ärzte für Jeden...

Völlig kaputt das US-Rechtssystem

Anwälte zerstören den letzten Rest Justizia

Kinder im Erwachsenenknast

Todesstrafe für Geisteskranke

ABER: USA heißt auch Jazz, Blues, Swing,

Rock n Roll, Hollywood, Route 66, Memphis,

New Orleans, New York City, Golden Gate Bridge,

Rocky Mountains, Las Vegas...

Die Geschichten von Pearl S Buck oder Hemingway

die Seelenstriptease mit Stephen King

das Amerika der Beatniks

die Texte von Bob Dylan oder Bruce Springsteen

von Woodstock bis Studio 54

Superpop mit Jacko und Madonna

Legenden von Elvis bis Hendrix

TV-Serien zeigen Amerika im

Wandel der Jahrzehnte: New York der 70er in "Kojak" -

New York der 2000er in "CSI:NY"

die Soziologie und die Zeitgeister in Hollywoodfilmen:

von den drei James Dean-Werken bis zu den Weiten

des Landes in "Convoy" oder "Fluchtpunkt San Francisko"

Erzählungen von Amerika mit Bogart und MM,

Spielberg und Jodie Foster, Ölmagnaten in "Dallas",

der alte Geist der USA in "Bonanza"...

Auch das ist das sogenannte freieste Land

eine Pseudodemokratie, der schleichende Untergang hat begonnen

Vielleicht macht Neil Young ein Album über das Thema...

Amerika... Oktoner 2013)

..., was ist nur aus Dir geworden? Oh ja, auf Deine Kultur fahre ich gerne ab, von Bruce Springsteen bis Pearl S. Buck, von The Simpsons bis Casablanca, von Stephen King bis Star Trek, Das Schweigen der Lämmer, Neil Young, Nirvana, Andy Warhol.... Die Aufzählung könnte unendlich sein, von Steven Spielberg bis Metallica oder Ernest Hemingway oder CSI:Miami und und....

AAAABER: WO IST DEINE DEMOKRATIE GEBLIEBEN? HAST DU DEN ARSCH OFFEN? Habe vorhin eine Reportage im Rolling Stone 10/2013 (Ausgabe 228) gelesen und war schockiert.

Barrett Brown ist Whistleblower und war inoffizieller Sprecher von Anonymus. Ihm drohen 105 Jahre (!) Knast und die Anklagen sind für Demokratie und Pressefreiheit brisant und gefährlich. Einer der Anklagepunkte ist das Veröffentlichen eines Links in einer Zeitung - kein Hacken, kein Eindringen, nix, nur das Weiterleiten eines Links. Und ausgerechnet die Presse scheint das Thema kaum zu interessieren, obwohl es um Cyberüberwachung durch den Staat geht, um die Zusammenarbeit von privaten Sicherheitsfirmen und FBI/CIA. Jeder spricht über Edward Snowden, aber die Anklage gegen Barrett Brown ist ein Präzedenzfall in Sachen Pressefreiheit.

WAS IST LOS MIT DIR, AMERIKA? War 9/11 doch von Dir inzeniert, nur um den totalen Überwachungsstaat einzuführen? NSA weltweit im Netz und in der Industrie, Justizwillkür durch den Patriot Act, Freispruch von Mördern an Farbige, Todesstrafe wie in arabischen Ländern oder China usw etc. Und wie pervers bist Du geworden!! WENN KINDER SICH AUF DEM SCHULHOF ÜBER DEN HAUFEN SCHIEßEN, NENNST DU DAS FREIHEIT, WENN DIE SCHUSSWUNDEN KOSTENLOS IM KRANKENHAUS BEHANDELT WERDEN, NENNST DU DAS KOMMUNISMUS!! Amerika, Du hast den Arsch offen! Die Nazis von der Tea Party lassen lieber die Weltwirtschaft an die Wand fahren, als die Krankenversicherung zuzulassen!

POOR, POOR AMERICA...

Erst später kam Nazinarzist Trump...

August 2013 am Fenster beim OK-KL-TV (hatte 2013/2014 5 Episoden aus meiner Musik-TV-Show SMOKE-das Musikcafe als Produzent und Moderator)

IDYLLE TEIL 3 - HEIMAT (war schon Idylle Teil 1 im 1. Buch 2017...)

Vertrautheit mit Häusern Straßen und Bäume

Hallo Bäckerfrau, hallo Einkaufsfrau

Beim Dönerhaus isses wieder gut

Im Dorf wird immer geschafft - immer

Trotzdem wieder mehr Leerstände

Hauptstraße ohne Kiosk, Juwelier u.a.

Jetzt nix

Trotzdem neue gute Gasthäuser u.a.

Bei Covid19 natürlich gaaar nichts

Meine Heimat hat viel Natur und Jahreszeiten

Mein Berg ist immer da mit Zeitenfarbbäumen

Moi Gass iss vertraute Idylle

Alles um die Eck von da und da

Im Dezember ist wieder der NachbarsXMasStern

Im Sommer sind wieder Heimatfeste - nach Covid19...

C P 07.12.20 Gerd Steinkoenig

Gerd Steinkoenig

7. Dezember um 20:21 ·

Mit Öffentlich geteilt

TIERE sind zeitlos... Tiere haben keine Ahnung, ob endlich oder unendlich... Tiere haben ihre eigene Flairs, ob 1920/1960/1990/2020... Die Menschen ändern sich immer in den Zeilen -

Tiere haben göttliche Eigenschaften... Sind TIERE Prüfer zu den Menschen?

Gerd Steinkoenig

7. Dezember um 21:54 ·

Mit Öffentlich geteilt

SONNE über die Erde

Sonnenstrahlen zwischen den Blättern im Wald

Und vom Wald und Wald und Wald

Aber nur EINE Sonne

Überall Gefühle mit Sonnenschein

Sonnenuntergang

Sonnenleben

Eine fb-Freundin meinte zur "Sonne": Wunderschön!

Hatte schonmal Lob (?) von ihrer Assistentin von meiner Betreueranwältin... Ich weiß nur nicht, ob es wahr ist... Hier war dieses e-mail:

Lieber Herr Steinkönig,

vielen Dank für das schöne Buch. Sie haben da wirklich ein "Händchen" für. Auch Frau WXXX ist sehr angetan und bat mich ausdrücklich, Ihnen auszurichten, dass sie sich sehr gefreut hat.

Also nochmals vielen Dank. Ich wünsche Ihnen noch eine gute Adventszeit trotz des blöden Corona.

Bis bald.

Liebe Grüße

IXXX EXXX

Es ging um mein letztes Buch "Die Zeitläuferin von Gerd Steinkoenig Teil 2". Bisher immerhin Auflage 4, hahaha...

Gerd Steinkoenig

4. Dezember um 20:15 · YouTube ·

Mit Öffentlich geteilt

AUFSATZ: 1973 vs 2020 MIT WILDES WASSER, SWF3, KALTER KRIEG ETC...20. JAHRHUNDERTSONG DES DEUTSCHEN SCHLAGERS (1973)!! Ich weiß noch: TV war kaputt, Vater wollte schnell vom Fernsehmann abholen und kurvte heftig Richtung ZDF-Hitparade... Ich immer: Vadder Vadder, hopp schnell, ob Wildes Wasser bei den Top 5 Plazierungen dabei ist... Was war? Kein Wildes Wasser!!!! Nix mit Top 5!! Vadder hat das wirklich gemacht durch die Kurven - nur das der Sohnemann das gern möchte... Wie immer: war doch erst vor 1 Minute... Natürlich ist es immer gut, egal welche Zeit! Immer Lebensneugierde! Aber z.B. 1973 waren die Menschen normal, nur 2 Programme (ok, 3, wegen Südwest 3..), Radio war SWF 3 und Europawelle Saar und ab und zu Radio Luxemburg - das reichte. Da war kein Einheitsbrei zwischen Flensburg und Garmisch. Radio-DJs waren Stars mit viel Musikwissen. Heute?? Pah... Beim TV war an der Schule am nächsten Morgen: haste das gesehen?? Öfter Straßenfeger - waren ja nur 2 Programme... Heute nix... Bei gefühlten 749 Programmen... Und natürlich 2020 Dreiklassengesellschaft... ARD/ZDF (Klasse1), Privat-TV (Klasse2), Netflex/Sky/Amazon Prime etc (Klasse3)...1973 war auch Tätärä: Tanz des Vulkans (Kalter Krieg), Baader-Meinhof-Gruppe, Sonntagsfahrverbot etc... Aber wir waren total normal...

GIBT'S DOCH GAR NICHT !
Bielefeld
www.ruthe.de
Ruthe

Gerd Steinkoenig

30. November 2017 ·

Mit Öffentlich geteilt

Hallo Ihr Lieben ❤Ich bin wieder da! Wow, hab eben nach 9 Wochen kennengelernt über fb... Erweiterterten Mediainfarkt links(Schlaganfall) hat es am 25.9.17 mir umgehauen. Spirituell, philosophisch mit Attribute Leben, Freiheit, davor/danach, Demut zum Sonnenaufgang (die Lebenssonne). Die Kliniken haben mich Gott sei Dank zum Tagestrott, mitten im Leben. Zum Glück konnte ich zuanfangs laufen, die rechte Seite hab ich gleich gearbeitet (z.B. Schrift). Artikulationsprobleme macht die größte Zeit. Nikotin, Alkohol war von Anfang an no go. Das Hirn (auch Nikotin...) muss Gedankenjogging, Tagesablauf, das Vergessen usw. sind die weiteren Wochen/Monate das Wichtigste! Ich hab jetzt Neues Leben! Danke, vielen Dank für meine wichtigsten Freunde!!!

Ich hatte ja mein "Paris Texas"-Buch mit Untertitel "3 Jahre nach Schlaganfall". Weiteres hatte ich erst gecheckt bei den fb-Erinnerungen...

2014 - MediaÜberall... In der Sammlung viele, viele CDs, Bücher, Hefte, DVDs, Videos u.a.

Gerd Steinkoenig

28. November um 10:33 ·

Mit Öffentlich geteilt

Hallo, Ihr Lieben! Das ist Molly nach Ihrer OP! Ist fototechnisch die Backen umgekehrt. Ihr wisst es ja. Sie hat noch Schmerzmittel. Und ich hoffe, das alles gut geht wegen der Tumore. Wegen dem Herz durchs Alter keine OPs mehr. Positive Vibrations!

Mein Katzenmädchen. Ist oft bei meinen Büchern... Und im facebook, Tik Tok, Instagram...
Molly ist natürlich DIE Starin! Aber sie ist nun 15 1/2 Jahre jung und ich hoffe. Momentan
wie immer und frech, aber...

Dies war 2019 mein Vorläufer zur momentanen Zeitkapsel - natürlich viel mehr... Ein Mix aus Heften, meine Bücher (ISBN & no isbn), Rocklexikon Ausgabe 1990, 3 CDs (Genesis, Pink Floyd, The Beatles).

Mein bestes Foto von KL (müsste ca 2010 sein)

Gerd Steinkoenig

27. November um 19:44 ·

Mit Öffentlich geteilt

Gerd's Katze Molly hat ihre eigene Seite

2 Min ·

Ich bin die Starin in dieser Seite! Ich bin Molly! Hatte ich ein Stress! Eine Auwehfrau als
Tierärztin hat bei mir rumgefuchtelt. Alle Organe rumgegriffen, die Zähne rumgeschabt.
Natürlich war ich brav mit knurren und fauchen - mein Katerchen war ganz stolz auf mich! 3
mal hin und her von zu Hause zu dieser Auwehfrau - und auch noch z.T. im kleinen
Gefängnis! Das geht doch nicht! Ich bin doch schließlich die Diva!! Ich habs dann geschafft,
mein Katerchen war fürsorglich und die Auwehfrau war dann doch brav und aufopfernd und
helfend! C P 27.11.2020 Molly, ess Katzemäädsche (Diva, Starin, Kampfkatze, Schmusekatze
etc)

7 fb-Likes... Nochmal moi Katzemäädsche...

EINE PROSA MIT 21 ZEILEN C P 13.11.2020 by GFS

Erinnerungen und Erlebnisse

Zeitläufe, Zeitgeister, Zeitmomente

Mein Katzenmädchen anno 2012 durch fb-Foto

Heute, 2020, gehts ihr nicht so gut - hoffentlich

Konzerte von Pink Floyd oder Genesis 1987/1988

Mit Lightmegashow, Lasershow

2020 nur Schulterzucken, nur Wegwerfware

Covid19 ist Vorsicht um (meine) Gesundheit

Covid19 ist Staatserziehung ist andere Gesellschaft

1968! Hää? 1977! Hää? 1989! Hää?

2020 ist Neue Weltordnung ist Staatserziehung

Junge Leute haben keine Ahnung vom 20. Jahrhundert

Davon nur von you tube, Wikipedia, Verschwörungen

21. Schrotthundert ist scheiße

20. Jahrhundert ist geil

Sorry, war scheiße von z.B. WW I, WW II

Aber Human Respect, Human Nature

Nur ein bisschen Beispiel: Gandhi, Nelson Mandela,

Mutter Theresa, James Dean, MM, BB, CC, DD,

Elvis, Beatles, Andy Warhol, Willy Brandt,

Pearl S Buck, John Steinbeck, Morricone...

Meine Heimat Annweiler am Trifels (ca 2015)

Gerd Steinkoenig

8. Dezember 2017 ·

Mit Öffentlich geteilt

Öffentlich

MeinJahrzehnte-Album, die erfolgreichsten Songs, Samstage, Melancholie, Erinnerungen
und

Erlebnisse, Mad Man Moon-Aufsatz, The Beatles-Aufsatz (Buch 1) oder seltene VinylSingle
von den Beatles (Buch 7), 70er Musik (Story of Rock, Buch 1) oder 70er Musik (Buch 6),
Raumschiff Erde, David Bowie freut meine Bücher und fährt nach Andromeda, Peter Maffay
= Godfather of Schlagerrock (ich sag der Erste, ich mach gefälligst Knete, hahaha), spezielle
Chartlisten von speziellen Jahren (1959, 1969, 1973....), TV-Serien irgendwo in den Büchern
(Miami Vice kommt glaub ich am ehersten), Filmklassiker (Stanley Kubrick! Humphrey
Bogart! Jodie Foster!), die ersten 57 Jahren mit meinem rockigen Leben! Rust Never Sleeps!
Aus den Erinnerungen mit Genesis- oder Pink Floyd-Konzert (Nr.1 FOREVER: The Dark Side
Of The Moon!), Discos von Old Vienna oder Why Not, das ErsteMal ❤der Sprung über die
Schlucht 2014/2015 (das beste Ever!), irgendwo überall in EIN Buch der 7 Büchern   Die 2
Lieblingsbüchervom Autor: Blood On The Rooftops (Buch 1), Liebe ist alles (Buch 6)

Weniger anzeigen

e-Mail von BA S1 (Dez 2020)

Hallo SXXX :-D

hab zum Montagsfröhlich ein paar Sprüche im Klammeraffe - von XMas bis John Lennon...
(Übrigens: Paul ist solo AUCH GUT!!! Siehe Wings!!! Silly Love Songs!!!).

Am Freitag hab ich ein 47 (!) Jahre altes Kalenderbuch von 1973 gelesen. Hatte ich die ganze Zeit, immer wieder dabei, ob Umzüge, ob Monnem etc, immer dabei... Aber ewig nicht mehr gelesen... Das sind Erinnerungen und Erinnerungen, lach... Durch meine Bücher weiß ich schon was 1973 dabei war. Aber dann schon erstaunen... Wie von 1973 im Prinzip auch 2020... Musik, TV, History, Fußball... Echt frappierend. Und - z.B Buch Blood On The Rooftops (2017)- natürlich Listen: alles geordnet, was im TV war (Der Bastian war am Meisten glaub ich), Musiker aufgenommen vom Radio zu den Cassetten (Daliah Lavi am Meisten aufgenommen). Und da sind Tagebücher mit "aufstehen", "Mittagessen", "die Abendchronologie vom TV" etc etc... Hab 13 Fotos ausgewählt für mein neues (großes!! Mindestens 100 Seiten!!) Buch...

MfG Gerd

The Beatles aka Fab Four

Eines meiner ersten musikalischen Entdeckungen waren 1973/74 die Beatles! Seit ca 1969 hörte ich bewusst Musik, aber na ja, was hört man mit 9 oder 10, 11.... Middle Of The Road, ZDF-Hitparade.... 1972 die erste "Bravo", The Sweet. Slade, T. Rex.... 1973 kam die Made in Japan von Deep Purple dazu und eben die Fab Four. Zig Songs schnitt ich damals auf Casettenrecorder vom Radio mit von John, Paul, George und Ringo... Und (74 oder 75) das erste Vinyl von den Vieren: das legendäre "Weiße Album" von 1968, das die bis dato moderne Musik zusammenfasste: Helter Skelter, While My Guitar Gently Weeps, Happiness Is A Warm Gun, Revolution No 9, Birthday und und.... Ich hab auf dem Musikschrank-Plattenspieler meiner Eltern das Album verschlungen. Ich las alles über sie, was ich kriegen konnte. Noch heute bin ich von den Beatles total fasziniert. Auf dem Treppchen meiner Lieblingsbands gehören definitiv Genesis und Pink Floyd. Desweiteren gibt es noch Band-Juwelen wie Led Zeppelin, U 2, The Police, Coldplay, R.E.M., Earth Wind and Fire, Chic, Rainbow, Rolling Stones, Supertramp, Dire Straits usw etc.... Aber die Beatles sind in ihrer Art einmalig! 1962 erschien die erste Single "Love Me Do", das letzte Album erschien 1970, aber "Let It Be" wurde schon 1969 noch vor der "Abbey Road" produziert, d.h. IN NUR 7

JAHREN (!!) erschienen Albumklassiker wie "Rubber Soul", "Revolver", "Sgt. Pepper....",
"The Beatles" (das Weiße Album), "Abbey Road", "Let It Be". Sie definierten in kurzer Zeit
immer wieder ihren Stil neu, machten musikalische und textliche Fortschritte im
Quantensprung. Es äußerte sich auch in ihrem Aussehen. Man vergleiche z.B. die Pilzköpfe-
Fotos 1964 und die Fotos von z.B. 1969....Man vergleiche Songs wie "I Want To Hold Your
Hand" mit "Strawberry Fields Forever"... Viele Singles kamen gar nicht auf die LPs.
"Strawberry.../Penny Lane" war eine Doppel-A-Seite-Single und hatte keinen Platz mehr für
auf das "Sgt. Pepper...."-Album!!! Die "Sgt. Pepper" brachte das LP-Format als Kunstform,
das für mehr da ist, als für die Ansammlung von Singles. Heute hat man oft den Eindruck -
gerade was den ChartsPop-Markt betrifft - die CD ist wieder nur eine Ansammlung von
Singles plus Füller... Außerdem hatten die Fab Four im Gegensatz zu heute nur beschränkte
technische Produktionsmittel. Zuanfangs gar nur Mono, dann Stereo mit gerademal 4Spur...
Heute braucht ein große Band ca 4 Jahre von Album zu Album - in der Zeit hatten die
Beatles Rubber Soul, Revolver, Sgt. Pepper... Siehe oben. In den 7 Jahren ihres Schaffens
waren neben den genannten Alben noch weitere Alben wie "With The Beatles", plus die
Soundtrack-Alben z.B. für "A Hard Days Night" oder "Help". 5 Filme kamen auch noch dazu -
neben Hard Days und Help, wären das noch "Yellow Submarine", "Magical Mystery Tour",
"Let It Be". In den 7 Jahren hatten John und George noch Zeit für Soloplatten, John schrieb
außerdem 2 Bücher und wirkte im Film "Wie ich den Krieg gewann" mit. In Indien waren sie
beim Guru und bekamen von der "Themse-Liese" den MBE. 1964 schafften es die Beatles
auf Platz 1 bis 5 der US-Billboard-Charts gleichzeitig (!!), das wird eine Rihanna in 100 Jahren
nicht hinkriegen... Nach der Auflösung der Fab Four (offiziell erst im April 1971, aber sie
waren schon Ende 1969 tot), schwappte das Beatles-Charisma auch in die 1970er durch die
Soloplatten von "Imagine" (John) bis "Band On The Run" (Paul). CD-Veröffentlichungen wie
"Live At The BBC", neue Zusammenstellungen, die Anthology-Reihe von 1996 usw machen
die Fab Four bis heute populär. Und wisst Ihr, wer das erfolgreichste Album des 21.
Jahrhunderts hat? Die Beatles... "1" von 2000 hat sich bisher 38 Millionen mal verkauft.
Dieser Tage erschien "1+", wo 2 DVDs beigelegt sind. Vielleicht werden es ja nochmal 38
Millionen... So, genug geschwärmt, dies war eine kleine Geschichtsstunde in Sachen The
Beatles aka Fab Four. Ein Hoch auf And I Love Her, Eight Days A Week, Yesterday, Hey Jude,
All You Need Is Love, A Day In The Life, Can´t Buy Me Love, Here Comes The Sun..... :-D

Hatte schomal ein Ausatz über die Beatles im Buch 1 Blood On The Rooftops (2017).

Genesis, Pibk Floyd, Beatles... DER rote Faden in meinen Büchern...

Musikhefte? Seht das Farbbildbuch Music Was My First love (2017)

Fußballaggro, AfD & "Bild" (=Der Stürmer)

Bei alten Fußballspielen war natürlich "Schiedsrichter Telefon" oder blöde Sprüche. Aber dann doch - na klar - Anstand. Ausverkauftes Stadion, da sind zig Menschen im Innenraum (!!), nur kurz hinterm Tor. Die sind brav stehen geblieben. Keine Ausraster, kein asoziales Verhalten. Einfach brav vor der Obrigkeit gestanden und gefreut beim Fußball. Heute leider komplett unmöglich!!!! Heute werden in der Kreisklasse die Schiedsrichter umgetreten, oder Nazisprüche oder Rassistensprüche.

Mittlerweile - seit die AfD bundesweit da ist - darf man sagen... Früher unter vorgehaltener Hand... Darf man ja nicht sagen... die bösen Linken, "Kümmeltürken", APO, was weiß ich... Heute wird gesagt. Einerseits freie Meinungsäußerung (GG), andererseits Meinungsdiktatur durch AfD und Bildzeitung...

Apropo Bildzeitung!!!! Seit der Julian Reichert der Boss ist, hetzt die Bildzeitung nur noch! Aus diversen Gründen habe ich seit 2 Jahren jeden Tag die "Bild". Das ist Gehirnwäsche!!!! Natürlich hab ich diverse Medien, aber vielleicht haben Menschen NUR "Bild"!! Werden die Nazis dadurch?? Wenn man Leserbriefe liest, bin ich froh, das wir keine Volksabstimmung haben. Sonst hätten wir das Vierte Reich!! Die "Bild" = Der Stürmer!!

Gerd Steinkoenig Gerd F Steinkoenig

Hatte/habe diverse Haustiere... U.a. Zwergkaninchen Schnuffel und Meerschweinchen Jodie,,,

Fußball und Musik... Krautrock (mit CD - ist immer mit CD bei den Musikheften...), Fußball-History... Hab diverse Sonderhefte, z.B. 50 Jahre Der Spiegel, 100 Jahre Automobile, 500

besten Alben aller Zeiten, 100 beste Songs von Neil Young, 100 besten Musiker und vieles vieles mehr (seht Buch Music Was My First Love).

© 2020
Herstellung und Verlag: BoD – Books on Demand, Norderstedt
ISBN: 978-3-7526-0384-2